¡Brrrum!
Los Lamborghinis

por Mari Schuh

Bullfrog en español

Ideas para padres y maestros

Bullfrog Books permite a los niños practicar la lectura de textos informativos desde el nivel principiante. Las repeticiones, palabras conocidas y descripciones en las imágenes ayudan a los lectores principiantes.

Antes de leer
- Hablen acerca de las fotografías. ¿Qué representan para ellos?
- Consulten juntos el glosario de las fotografías. Lean las palabras y hablen de ellas.

Durante la lectura
- Hojeen el libro y observen las fotografías. Deje que el niño haga preguntas. Muestre las descripciones en las imágenes.
- Léale el libro al niño o deje que él o ella lo lea independientemente.

Después de leer
- Anime al niño para que piense más. Pregúntele: ¿Has visto un Lamborghini? ¿De qué color era?

Bullfrog Books are published by Jump!
3500 American Blvd W, Suite 150
Bloomington, MN 55431
www.jumplibrary.com

Copyright © 2026 Jump! International copyright reserved in all countries. No part of this book may be reproduced in any form without written permission from the publisher.

Jump! is a division of FlutterBee Education Group.

Library of Congress Cataloging-in-Publication Data is available at www.loc.gov or upon request from the publisher.

ISBN: 979-8-89662-169-0 (hardcover)
ISBN: 979-8-89662-170-6 (paperback)
ISBN: 979-8-89662-171-3 (ebook)

Editor: Jenna Gleisner
Designer: Anna Peterson
Translator: Annette Granat

Photo Credits: Grzegorz Czapski/Shutterstock, cover; Maksim Denisenko/Shutterstock, 1; Mike Mareen/Shutterstock, 3; Alexandre Prevot/Shutterstock, 4, 5, 20–21; Christopher Lyzcen/Shutterstock, 6–7, 23tr; Marko583/Dreamstime, 9; Max Earey/Dreamstime, 10–11, 23tm; PuccaPhotography/Shutterstock, 12–13; Fabio Pagani/Dreamstime, 14–15, 23bl; Wirestock Creators/Shutterstock, 16 (foreground); mares90/Shutterstock, 16 (background); Wirestock/Dreamstime, 17, 23tl; Bruno Coelho/Dreamstime, 18–19, 23br; Dong liu/Shutterstock, 22; Mark Castiglia/Dreamstime, 23bm; PhatTai/Shutterstock, 24.

Printed in the United States of America at Corporate Graphics in North Mankato, Minnesota.

Tabla de contenido

Autos bajos	4
Las partes de un Lamborghini	22
Glosario de fotografías	23
Índice	24
Para aprender más	24

Autos bajos

Este auto es muy bajo. Casi topa con el suelo.

¡Es un Lamborghini!

Le decimos Lambo.

El **logo** es negro.

Tiene un toro dorado.

El primero fue hecho en 1964. ¡Guau!

Los Lambos tienen **esquinas** puntiagudas.

Vienen en colores brillantes.

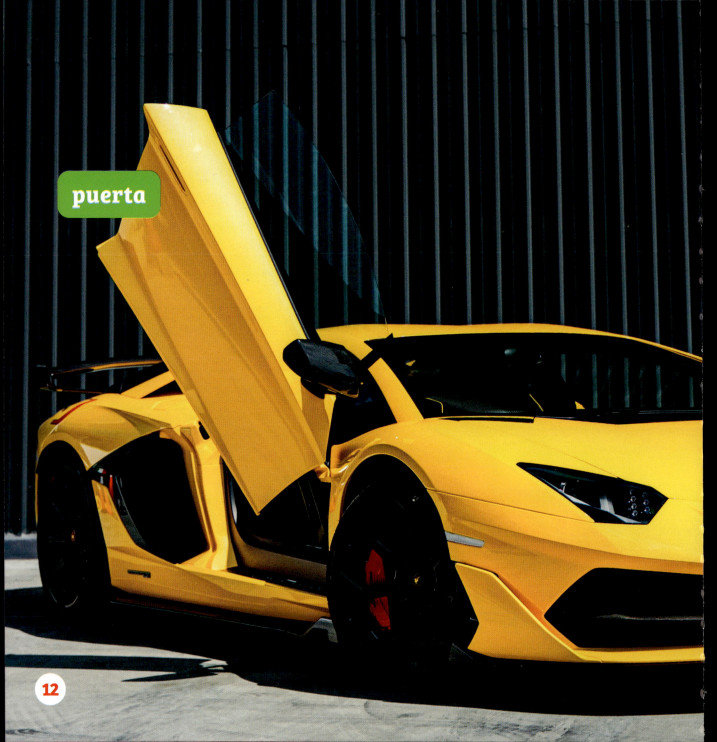

Estos autos tienen puertas tipo tijera.

Se abren hacia arriba.

¡Qué divertido!

Hay diferentes **modelos**.

Este es un auto de carrera.

¡Corre a toda velocidad alrededor de una **pista**!

El Huracán es popular.
¡Míralo correr!

Tiene un **alerón**.

alerón

El Urus es un **SUV**.

Mira el Aventador.

El techo del auto está abajo.

¡Siente el viento!

Las partes de un Lamborghini

¡Un Lamborghini Veneno puede alcanzar 221 millas (356 kilómetros) por hora! ¡Échales un vistazo a las partes de un Lamborghini!

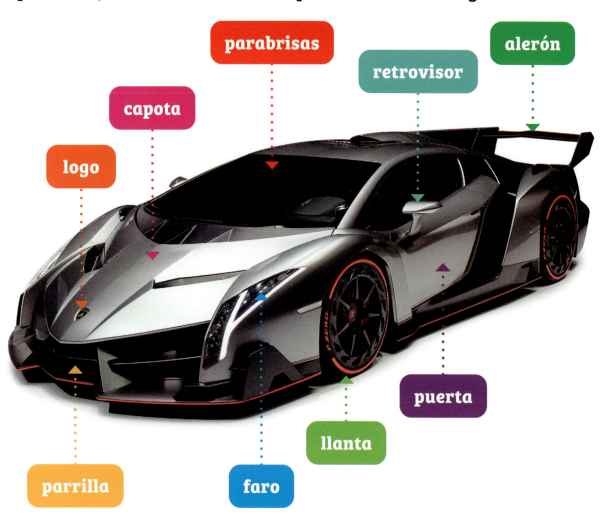

22

Glosario de fotografías

alerón
La parte de un auto en forma de ala.

esquinas
Las puntas donde un objeto termina.

logo
Un símbolo que representa una compañía.

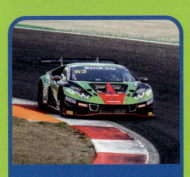

modelos
Tipos o diseños particulares.

pista
Un camino o circuito hecho para autos de carrera. Muchas pistas son ovaladas.

SUV
Abreviatura en inglés de vehículo utilitario deportivo. Un auto que se puede manejar donde no hay carreteras.

Índice

alerón 17
auto de carrera 14
Aventador 20
colores 10
esquinas 10
Huracán 16
Italia 8
logo 7
modelos 14
puertas 13
SUV 19
Urus 19

Para aprender más

Aprender más es tan fácil como contar de 1 a 3.

❶ Visita **www.factsurfer.com**

❷ Escribe "**LosLamborghinis**" en la caja de búsqueda.

❸ Elige tu libro para ver una lista de sitios web.